JN121364

働く高齢者の
からだの変化

どう対応する？

中央労働災害防止協会　編

はじめに

　少子高齢化時代になり、65歳以上の労働者が増えています。さらに人生100年時代を見据え、70歳定年制も2021年4月より施行されます。人間誰もが歳を重ねるごとにからだの機能が低下し、労働災害発生のリスクも高まります。一方で、働く高齢者は、長い職業生活で培った知識・技能・経験があり、活躍が期待されています。

　これからの時代は、すべての年代がお互いの特徴を理解して、強みと弱みを補いあって職場を作っていく必要があります。高齢者にとって働きやすく安全に配慮された職場は、若年者や女性、障害のある方などすべての労働者にとっても安全で快適な職場でもあります。

　安全・健康に働くためには、みなさん自身の体力や心の状態を把握し、セルフケアをしていくことが必要です。人生の多くの時間を占める「働く時間」が、安全第一・健康第一であると、充実したアクティブ・ライフとなるでしょう。

Check!!

最近、こんなことは
ありませんか？

- ☐ 電車に空席があると、まず、座る
- ☐ 立って靴下を履けない
- ☐ つまずいたり、バランスを崩すことが増えた
- ☐ 階段の昇り降りで膝や腰が痛む
- ☐ 雑巾を絞りきれない
- ☐ 手元の細かい文字が見えにくい
- ☐ ちょっとした距離でも車を使ってしまう
- ☐ 昨日の晩ごはんのメニューが何か思い出せない

チェックが多かった方は、もう身体機能の低下が始まっているのかもしれません。
チェックが少なかった方も、加齢によるからだの変化が働くことに与える影響を考えてみましょう。

1 100年ライフ 安全・健康に働く

◉ 超高齢社会は到来している！

　一般に65歳以上の人口（高齢化率）が7％に達した社会を「高齢化社会」といい、14％超で「高齢社会」、21％超となると「超高齢社会」といわれます。日本では、1995年に高齢社会、2010年には超高齢社会となっており、2018年の高齢化率が28.1％にのぼりました。今後も高齢者の人口比率は上昇の一途をたどり、高齢化率は2025年に30％、2040年には35％になると見込まれています。

◉ アクティブ・ライフを延ばそう！

　年齢とともに進む体力の衰えは、誰にも避けることができません。からだを動かさない生活を続けていれば、機能が低下して支援や介護が必要なレベルになってしまいます。

　加齢とともに、日常では気付きにくい生理的な変化が積み重なっていきます。運動習慣、食生活などを見直し、社会活動にも積極的に参加することで、生活の質を保ち続ける「アクティブ・ライフ」期間を延ばすことができます。それにより「成功した老化（サクセスフル・エイジング）」を手に入れることができるでしょう。

2 加齢によるからだの変化を知ろう

　加齢により、からだにはどのような変化が起きていくのでしょうか。変わっていくからだの機能と働くことに及ぼす影響を見ていきましょう。

◉ 筋肉の衰え

　からだを動かさずに、エネルギーの消費がとても少ない状態を「身体不活動」といいます。「老化は脚から」といわれ、上半身よりも下半身の筋肉量が減少し、一般に30歳前後から筋肉量が減少しはじめます。筋肉は適度な運動により維持できますが、使わないとすぐに衰えてしまうのです。

　特に脚の筋肉量が低下すると、歩幅が狭くなります。その結果、ごくわずかな段差につまずいたり、滑ってバランスを崩し、転倒しやすくなるので、からだを動かして筋肉量を減少させないことが必要です。

　高齢者は、疲労の蓄積や姿勢の偏り、運動不足などによって腰痛、膝痛などを訴える人が増え、脚をスムーズに動かしづらくなったり、片足で立つことが不安定になったりします。痛みを感じる部位があるとからだを動かすのがおっくうにもなり、その結果、運動量が減り筋力が落ちるという悪循環に陥ります。

　腰痛の場合原因が特定できないものが多く、腰痛の悪化、長期化には、心理・社会的要因であるストレスなども深く関係しています。

　また、近年では、筋肉から分泌するマイオカインという30種類以上のホルモン群にがんや糖尿病を予防する物質が発見され、筋肉がからだを動かすだけの役割ではないことも分かってきました。マイオカインは、運動不足だとほとんど分泌されず、筋肉を動かす運動を定期的に続けて筋肉量を増やすことで、分泌が促されます[1]。

◉「筋肉の衰え」と「フレイル」について

　筋肉が衰えた（筋力や筋肉量が低下した）状態を「サルコペニア」といい、筋肉だけでなく関節や神経、骨などの運動器の衰えによって移動動作につながる「立つ」「歩く」という機能が低下した状態を「ロコモティブシンドローム」といいます。

　今元気に働いていても、筋肉の衰えをそのままにしてしまうと、ゆくゆくはフレイルサイクルを招きます。フレイル（日本老年医学会提唱2014年5月）とは、「生活機能障害、要介護状態、死亡などに陥りやすい状態」であり、介護に至る前段階の状態と位置付けています。身体的フレイルを中心としながらも精神心理的、社会的フレイルを含む概念とされています。

　図のようにサルコペニア→疲れやすくなる→身体機能・活動量低下→エネルギー消費量低下→食欲・摂取量低下→低栄養という悪循環の「フレイルサイクル」に陥ります。

　フレイルサイクルに陥らないためには、食事の改善、身体活動や社会的参加を見直すことが必要で、予防につながります。最近の研究では、日頃の健康行動を適切に評価し対応することが労働者自身の予後を左右しうることも示されるようになってきています。それゆえ、若い時から職場での予防活動が求められています。

フレイルの増悪サイクル
出典：アクティブシニア「食と栄養」研究会

E: Xue QL, Bandeen-Roche K, Varadhan R, et al. Initial manifestations of frailty criteria and the development of frailty phenotype in the Women's Health and Aging Study II. J Gerontol A Biol Sci Med Sci 2008; 63: 984 ― 90 を元に改変作図

◉ 口腔衛生の新常識

　口腔機能が低下した状態を「オーラルフレイル」といいます。からだや脳、精神の虚弱（フレイル）が口腔の機能低下から始まるため、まずは口腔の健康を維持しようというものです。

　口はからだの玄関です。口から食べ物や空気、ウイルス、細菌などを体内に取り込み、やがて消化管、毛細血管などを通じて全身につながっていることから、口腔の健康は、全身の健康状態を決定しているともいえます。ところが高齢者は、「むし歯」「歯周病」の罹患率が多く、感染症であるという意識を持っていることが少ないので、定期的な歯科健診を受けることが大切です。口腔を衛生的に保ち、ヒトが生まれながらにして持っている防衛機能としての唾液の分泌を増やすことも、健康維持にはとても重要です。

　加齢によって唾液の分泌量が減ってくると、サラサラした本来の唾液状態ではなく、ネバネバした比率が増えてきます。口腔内の渇きや、ネバネバしている状態が慢性的になっている場合は、交感神経優位の状態が続いているので、疲労やストレス、メンタル不調、食事や睡眠などの生活習慣に問題があるサインという見方もできます。唾液の分泌量など口腔内の状態を確認し、また唾液の作用を促進させて健康を保ちましょう。

1　歯の修復をする（再石灰化）

2　口の中を中性に保つ（緩衝作用）

3　食べかすを洗い流す（洗浄作用）

4　菌が増えるのを抑える（再石灰化）

5　口の中を守る（粘膜保護・潤滑作用）

6　食べ物を消化する（消化作用）

唾液の働き

◉ 視機能の衰え

　近くの小さな文字が見えにくくなる老眼は、一般的に40代後半から進行するといわれ、一般的な視力（静的視力）に加え、動体視力も衰えてきます。また、左右の見える範囲（視野）が狭まり、左右から近づくものや人に気付きにくくなります。このため、見て確認すべき方向にきちんと顔を向け、安全を確認しなければなりません。

　さらに、曇り空、夕暮れ時、急な天候の変化等によって、見えづらくなることもあり、明暗の変化にすぐに対応できなくなります。暗い階段や通路などでは物が見えにくく、つまずきやすくなるため、照明を明るくする必要があります。

　パソコンなどの情報機器を扱うときは、画面との距離、明るさ、姿勢などに注意して作業にあたる必要があり、眼鏡の調整もこまめに行う必要があります。

　また、加齢が進むと、加齢黄斑変性症、白内障、緑内障などの眼の疾病にかかる人が多くなるので、健診を受けておくことも大切です。

きちんと顔を向けて安全確認

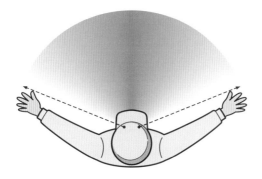

手を広げて、自分の視野を確認してみましょう

◉ 記憶力と判断力の衰え

　過去にからだを動かして覚えた技能や経験した作業などは、加齢による影響は比較的少なく、引き続き仕事をするにも支障はあまりありません。しかし、最近の記憶は忘れやすく、仕事を新しく覚えるのに時間がかかるといわれています。また、情報を受けて、脳内で瞬時に行う反応や判断は遅くなりがちです。短い時間で判断し、動作する必要のある作業は、難しくなってきます。

　簡単に操作できるようにシステムを修正したり、誰もが見やすい表示に変えることで、記憶力や判断力の衰えによるミスを防ぐ取組みも必要です。

　特に、ヒヤリ・ハット、危険のポイントなどの情報は、繰り返し確認するとよいでしょう。

◉ こころと気持ちの変化

　高齢者になってくると、今までできていたことができなくなったり、それを受け止められない気持ちも湧いてきます。すると、柔軟な物の見方や考え方、ポジティブな気持ち、感謝の気持ちをことばや表情で表すことなどを忘れがちになります。働く時間を明るい笑顔で充実したものにしていくことが大切です。

　ところが、熟練労働者であるほど、これまでの経験にとらわれがちで、誤った判断から危険を招くことがあります。また、自分のからだが衰えていることに気付かず、認めたくない気持ちから、からだが思うように動かないのに無理をして、災害が起きる例もあります。責任のある立場から、逆の立場になった寂しさなどの後ろ向きな気持ちが強くなると、働きがいをなくしてしまうこともあります。気持ちを前向きに切り替えて、仕事への取組み姿勢を変化させることが必要です。

　また、これからテレワーク勤務、リモート会議がよく行われるようになり、働き方は大きく変化していくことが予想されます。高齢者にとって、過去に経験したことがない不慣れな作業も多くなり、人に教えてもらう機会も増えてくるでしょう。職場に話しかけにくい雰囲気があると、作業のやり方が分からないまま作業が滞ってしまい、居づらいことにもなりますので、自分から話しかけてみて、仲間と会話がはずむ職場を目指しましょう。若年者にとっても、高齢者と働く時間が有意義なものとなるでしょう。

　そのために高齢者は健康な肉体を維持する健康行動を日頃から心がけましょう。

そのほか、加齢の影響として、高い音が聞き取りにくくなるなどの聴力への影響や、体温調節機能が低下して、暑さや寒さに対してからだが対処しにくくなってくることなどが挙げられます。

3 職場の高齢化への対策を考えよう

からだの変化に対して、どのような対策をとれば、加齢による災害のリスクを減らすことができるでしょうか。職場環境や作業のやり方をチェックしてみましょう。

◉ 見やすい表示

・作業で扱う機器・書類や、作業場の表示・標識、掲示物、ディスプレイなど、大きく、見やすくなっていますか？

細かい文字はなくし、コントラストの差を適切なものにします。「白と黄色」や「青と緑」の組合せなどは高齢者に識別しにくい可能性があります。高齢者に見え方を確認するとよいでしょう。

◉ 危険を知らせるための警告

・警告音の音程、音調が聞き取りやすくなっていますか？

警告音は、高齢者に聞き取りやすい 2000Ｈｚまでの低い音とし、必要に応じて視覚に訴えるものを併用します。背景騒音の低減なども効果的です。

◉ 転倒予防

・床面は滑りにくく、凹凸や突起物はなくしていますか？

　日頃から作業場の床面の状態を確認して、安全を保つように４Ｓを心がけましょう。

・段差、傾斜などはできるだけなくしていますか？

　段差や傾斜があるけれどすぐには修復できない箇所は、注意喚起の表示を見やすい位置に設置しましょう。階段には、手すりや滑り止めを設けるなど設備面の対策をとることも重要です。

・床の油汚れ、雨水の吹きだまり、ほこりの堆積等がないよう徹底していますか？

　日常的に行っている業務や天候の変化などによって、床面の状態が変わることがあるので、リスクとして認識しておく必要があります。すぐに清掃等を行い、原状回復しましょう。

・作業場だけでなく、通路や階段も適切な明るさとなっていますか？

　高齢者は明るさや暗さの変化に目が慣れるまでに時間がかかります。特に急に暗くなると周囲が見えにくくなり、つまずきや転びの原因となります。照明の工夫などが必要です。

・コーナーは見通しがよくなっていますか？

　注意を促すために掲示物や床の表示で知らせる、カーブミラーを設置する、コーナーを曲線にする等、安全に通れるように工夫することが必要です。

・滑りにくく、作業に適した作業靴を履いていますか？

　油・粉・水など業務で扱う場合、足元が滑りやすくなります。作業に適した作業靴を履くことで危険を少なくすることも大切です。

◉ 暑熱・寒冷対策

　高齢者は、特に体温調節機能が低下していることを意識して対策を行いましょう。

・熱中症対策として、休憩時間を設け、水分や塩分の補給がされていますか？

　熱中症が頻発する時期として①4～5月の暑さに慣れていない時期に突然暑くなった日、②梅雨時で雨が降った翌日に急激に湿度と気温が上がった日、③7～8月の猛暑が続く熱波到来の時期の3つが挙げられます。

　また、高齢者や肥満、持病や障害のある方、寝不足や二日酔いなど体調不良の場合、慣れない作業や運動、長時間の屋外作業や激しい運動、水分補給が不十分な場合などに熱中症がよく発生します。睡眠・栄養を十分にとり体調管理に注意しましょう。

・寒冷職場では適切な防寒具を着用していますか？

　体温調節機能が低下してくると、寒さを防ぐ働きも鈍くなり、知らぬ間にからだが冷えてしまいます。凍傷や低体温症になることもあります。防寒具や休憩室などを準備して、作業時間を短めにするなど工夫が必要です。

・高齢者に限らず生活習慣病の人は、冬場の寒暖差に注意をしていますか？

　生活習慣病（糖尿病、高血圧、脂質異常症等）にかかっている人は、動脈硬化が進んでいる可能性があり、血圧が不安定で変動しやすい傾向があります。からだが急に温まると血液の性状が変わることもあり、血圧の急上昇や急降下、心筋梗塞などを引き起こします。高齢者に限らず、若年者でも生活習慣病の人は、室温と屋外との寒暖差に注意が必要です。

◉ 作業方法と職場環境について

　筋力が低下している高齢者が負担なく作業できるよう、作業方法を見直しましょう。

・手で取り扱うものは、重量や重心が一目で分かるように、表示していますか?

　ものを持ち上げたり支える作業は、見た目以上に重いとけがや事故のもとになります。数値を表示したり、色彩で区別する等によって、具体的に重さや重心が見て分かるように工夫します。

・両足を開いてしっかりと立てる作業スペースを確保していますか?

　狭い空間で、足幅の基底面が十分に確保できないまま作業を行うと、不安定な状態で不良姿勢になりやすく、腰部に負担がかかることで腰痛につながります。作業スペースを確保することは、腰痛を予防する上でとても重要です。

・持ち上げる動作のときに、注意すべき動作姿勢などが分かっていますか?

　膝を曲げて、できるだけ腕をからだに近づけるようにして持ち上げる方法は、体幹の筋力や下肢の大きな筋力を総動員して持ち上げるので、腰部への負担が少ない姿勢で、作業できることになります。作業姿勢に注意を払う意識が腰痛予防につながりますが、脳で理解している動作と実際にからだを動かしたときのギャップがないように、日常的に筋トレなどのからだづくりも必要になります。

・作業台や椅子の高さは、自分で調節できるようにしています
　か?
　　作業台の高さは、標準的な立ち作業の場合は、ひじの位置より、やや
低い位置の高さ、座位作業では、ひじと同じくらいがちょうどよい高さ
です。

・必要に応じて、椅子などを用いて、立ち作業がないよう工夫
　していますか?
　　立ち作業が続く場合や、しゃがみ込み姿勢、中腰姿勢を、繰り返すと、
足腰への負担が大きくなります。必要に応じて椅子を用いて足腰への負
担を軽減することも必要です。

・腰への負担や作業負担を軽減するため、装着型・非装着型
　パワーアシスト装置、ロボット等の導入を考えていますか?
　　装着型(パワーアシストスーツ等)、非装着型(ロボットアームや運
搬台車等)のパワーアシスト装置は、人間の動作を補助することを目的
としており、重量物も楽に持ち上げられるものです。近年、さまざまな
研究機関によって検証され、実用化に向けた研究開発が進んでいます。
運搬、介護、農作業などの現場で使用されるケースも多くなり、注目さ
れています。

・背伸びをする、腰や膝を曲げる、からだをひねるなどの繰り
　返す作業姿勢をできるだけなくすようにしていますか?
　　同じ動作を長年にわたって繰り返すと、歪んだ姿勢になる可能性があ
　ります。高齢者の中には、すでに偏った姿勢の方もいますので、作業が
　苦痛にならないように作業姿勢に注意しながら行いましょう。

・作業に必要な工具、材料などは、腕を曲げた状態で手に届
　く範囲に置き、無理なく作業ができるように工夫しています
　か?
　　作業に集中し、効率よく作業ができるように、作業中に使う工具や材
　料、必要備品などは、できるだけ手の届く範囲に置き、無理なく取れる
　ようにする工夫が必要です。

・安全で作業しやすく、気持ちが通い合
　う円滑な人間関係を目指した取組み
　を心がけていますか?
　　安全で快適な職場環境は、高齢者だけでな
　くすべての働く人にとって必要です。同僚の
　健康状態を意識したり、休憩室の整備や、快
　適な温度、仕事の負担軽減に配慮したりする
　ことが重要です。

そのほか、強い筋力を必要とする作業、高度の集中力が必要な作業、素早い判断や行動が必要と
なる作業などは、個人のレベルに応じて、作業分担や、作業量、作業ペースを自分たちでコントロー
ルできるようにするとよいでしょう。また、高齢者の心身の状態は、個人差が大きいので、作業
開始前や作業中など準備運動や軽い体操を行い、リフレッシュや疲労回復を図っていくとよいで
しょう。

◉ 世代間のコミュニケーション

　熟練労働者は、これまでの経験から、「自分は事故を起こしたことはない、起こさない」という思い込みや、加齢によるからだの変化に気付かずに、危険性を低く見積もってしまう傾向があるようです。慎重さを欠いたり、意図的に不安全行動をとるようなことは、あってはなりません。高齢者自身はからだの変化を謙虚に受け止め、慎重に行動する必要があります。

　職場で働く人々は、学校生活とは違い年齢差が大きい集団の中でさまざまな生産活動をし、経済活動を担っています。年齢差があることは、生まれてからこれまでの生活スタイルにも、当然違いがあります。その前提で人々が分かり合い協力して生産性を上げていく必要がありますが、とても難しい面もあります。しかし、組織がひとつのチームとなり、何らかの成果が上がったときの達成感は、印象深く、働きがいも実感できることでしょう。

　高齢者と若年者が、あらかじめどんな作業をするのか、作業標準で確認し、ペアとなって作業をすることで、良い効果を上げている職場もあります。若年者は日常業務の中で、高齢者の技能と経験を学ぶことができます。一方、高齢者にとっては、教える立場になることで、モチベーションを高めることができます。また若年者から学ぶこともあるでしょう。職場の仲間の得意分野によって、お互いを補い合い、安全に対する意識やノウハウ、技術の伝承がなされることは、生産性を高め、円滑な人間関係によって心のつながりも実感でき、充実した働き時間となるでしょう。

Check Point!!

異 な る 世 代 間 で 安 全 に 作 業 を 進 め る た め に

- ☐ 明るく、笑顔で気持ちよく日常の会話ができるように心がける
- ☐ 役割分担にあたって、経験を配慮する
- ☐ 作業前に必ず危険のポイントを確認しあう
- ☐ 新しい作業には、十分な訓練期間を設ける
- ☐ 慣れや過去の経験、「思い込み」などで、作業標準を勝手に変えないようにする

◎ 参考資料・文献

1） 樋口満「体力の正体は筋肉」集英社新書、2018 年
2） 厚生労働省「高年齢労働者に配慮した職場改善マニュアル～チェックリストと職場改善事項～」2009 年
3） 厚生労働省委託事業「高年齢者に配慮した交通労働災害防止の手引き」〈陸上貨物運送事業労働災害防止協会〉2012 年
4） 厚生労働省委託事業「高年齢労働者の身体的特性の変化による災害リスク低減推進事業に係る調査研究報告書」〈中央労働災害防止協会〉2010 年
5） 中央労働災害防止協会「転びの予防と簡単エクササイズ」 中央労働災害防止協会、2011 年
6） 江上一郎「すべての不調は口から始まる」集英社新書、2020 年
7） 独立行政法人高齢・障害・求職者雇用支援機構「高齢者雇用の手引き」
8） 厚生労働省委託事業「～生涯現役社会の実現につながる高年齢労働者の安全と健康確保のための職場改善に向けて～エイジアクション 100」〈中央労働災害防止協会〉2018 年 https://www.mhlw.go.jp/content/000364583.pdf
9） 厚生労働省「高年齢労働者の安全と健康確保のためのガイドライン（エイジフレンドリーガイドライン）」2020 年 https://www.mhlw.go.jp/content/11302000/000609494.pdf

100 年ライフ 安全・健康に働く②
働く高齢者のからだの変化 どう対応する？

令和 2 年 9 月 23 日　第 1 版第 1 刷発行
令和 5 年 7 月 3 日　　　　第 4 刷発行

編　者　　中央労働災害防止協会
発行者　　平山　剛
発行所　　中央労働災害防止協会
　　　　　〒 108-0023　東京都港区芝浦 3-17-12 吾妻ビル 9 Ｆ
　　　　　ＴＥＬ　〈販売〉03-3452-6401
　　　　　　　　　〈編集〉03-3452-6209
　　　　　ホームページ https://www.jisha.or.jp/
印　刷　　株式会社櫻井印刷所
イラスト　平松　ひろし
デザイン　スタジオトラミーケ
○乱丁・落丁はお取り替えします。
©JISHA 2020　21613-0104
定価 242 円（本体 220 円＋税 10%）
ISBN978-4-8059-1948-4
C3060 ¥220E